Sergej Tenjatnikow

Plutarchs Kopf

Sergej Tenjatnikow

Plutarchs Kopf

Gedichte

ostbooks

© 2019 by **ostbooks verlag**
Stadtholzstr. 172
32049 Herford

Autor: Sergej Tenjatnikow
Titel: Plutarchs Kopf

Alle Rechte vorbehalten
Lektorat: Roman Stelzig

Umschlagbild: Andrey Wrady
Layout: ostbooks verlag

ISBN 978-3-947270-08-8
1. Auflage, 2019

www.ostbooks.de

Printed in EU

Gutenbergsche Insel

Man kann viele Beispiele dafür bringen, wie Dichter mit Erfolg von ihrer Muttersprache in eine andere Sprache wechselten. Sergej Tenjatnikow wählte für sich Deutsch als Arbeitssprache. Die Sprache, in der seine Vorfahren mütterlicherseits verwurzelt waren, begann jedoch erst dann zu gedeihen und sich zu entfalten, nachdem er, wie das Schicksal es wollte, in Deutschland sesshaft geworden war. Bereits die ersten Erfahrungen erfüllten den Autor mit Zuversicht, dass er auf dem richtigen Weg sei und sich somit zu einem deutschen Schriftsteller entwickeln würde. Die russische Sprache ließ ihn aber nicht los. Tenjatnikow übersetzte zeitgenössische russische Dichter ins Deutsche. Einer von ihnen ist der bekannte Poet Gleb Schulpjakow, dessen Texte eine wahre Herausforderung für jeden Übersetzer darstellen.

Der Lyrikband *Plutarchs Kopf* ist zum großen Teil autobiographisch und hat folglich einen tiefen Bezug zu Russland. In diesem Russland sind noch die Erinnerungen an die – zugegeben leicht zu verwechselnden – »Weißen« und »Roten« lebendig. Hier leben nicht nur Russen, sondern auch Deutsche und Mordwinen und etliche andere »Sprachen«, in denen man sich auf der Suche nach dem eigenen Weg in die weite Welt leicht verlieren kann:

»ich existiere immer noch in der alten Welt,
aber leben tue ich nach einer neuen Zeitrechnung.
was soll ich denken, wo ich mich verlaufen habe?
in welchen indogermanischen Sprachen?«

Sergej Tenjatnikow hat sich nicht verirrt. Er hat seinen Weg gefunden. Selbst in einem neuen Milieu lebend inspiriert ihn das Vorbild des bedeutenden russischen Philosophen Alexei Fjodorowitsch Lossew:

»*der Philosoph Lossew erblindete*
an seinem Lebensabend fast vollständig.
er konnte nur hell und dunkel unterscheiden.
aber es störte ihn nicht, im Gegenteil
erlaubte ihm die Blindheit
Menschen und ihre Schatten
noch genauer zu betrachten.«

Freilich ist unser Dichter nicht blind, sondern ist in seinen besten Jahren und erfreut sich guter Gesundheit. Er ist scharfsichtig und findet seinen eigenen kontrastierenden Blickwinkel, der ihm hilft, viel klarer zu sehen, das Wahrgenommene und das Gefühlte in Worten widerzuspiegeln. Mit hoher Präzision bedient er sich Vergleiche, die wie Sprichwörter anmuten:

»*Salz misst man mit Fingern –*
Worte mit Flüstern.«

Einige kurze Texte ähneln feinsinnigen Haiku:

»*Herbst*
Fliegen wärmen
die Beine an einer Glühbirne.«

In den anderen wiederum offenbart sich eine beinahe buddhistische paradoxe Logik:

»*wir sammelten Licht wie Honig.*
als wir aber die Glühbirne zerschlugen,
war sie leer.«

Aber diese Leere, mit schöpferischer Kraft in Berührung kommend, erzeugt Wärme:

»*und das ist Kunst: wenn die Leere brennt,*
als ob sie lebendig wäre.«

Das lyrische Ich geht durch die bewaldete Welt, in der es als »*der Urenkel jener, / die als ein Wald gewachsen sind*«, groß geworden ist, sucht seine Insel, sucht jene lebendigen Zeichen, die uns von vergangener und künftiger Lüge bewahren. Dabei ist es sich dessen bewusst, dass es auch selbst ein »*... Lügner, und in [...] [seinem] Inneren ein Europa, / das sich die Zähne an Asien ausbiss*«, sei. Es schreitet durch Licht und Finsternis, in der »*Häuser die Stadt verlassen*«. So sieht heutzutage die Realität von Gefühlen aus, wenn Luft zum Vaterland wird und die Wahrheit durch einen Atemzug allein gefunden werden kann: »*Spiegel lügen nicht – ich atme.*« Und hinter diesen Spiegeln, Aquarien, Meeren kommt immer deutlicher der Dichter selbst zum Vorschein, der ruft:

»ich stehe am anderen Ufer
und rufe: schwimm, Leser.«

Ich bin bereit, dem Dichter vom anderen Ufer aus entgegenzuschwimmen!

Wjatscheslaw Kuprijanow
Dichter, Schriftsteller und Übersetzer

Moskau, Februar 2019

Gleichnis

ich möchte
ein Gleichnis über den Vogel
erzählen
ich möchte mich vermenschlichen

Neuer Gulliver

er lag in dem hintersten Winkel der Erde
wie hinter der Bühne umschlossen
von einem Theatervorhang der hohen Gräser.
sie kamen zu ihm und sprachen
in verschiedenen Mundarten etwas über Sein
und Bewusstsein, über Materie und Tod,
über Leben und Vergessen, über Sinn und
noch etwas, was er nicht verstehen
konnte. er lag auf der Erde, dem Herzschlag
lauschend, und seine Gedanken wurden straff
und saftig wie Fische im eiskalten Fluss.
sie gingen um ihn herum und sprachen,
und ihre schnellen Stimmen verklebten
seine Lippen. so dass, wenn er
gelegentlich zu antworten versuchte,
aus seinem Mund ein schwerfälliger Ausbruch kam.
erschrocken liefen sie auseinander,
aber binnen kurzem sammelten sie sich
wieder um ihn herum und gingen und sprachen,
dass man etwas unternehmen muss
und nicht im dichten Gras liegen darf
und so tun, als ob Sein und Bewusstsein,
Materie und Tod, Leben und Vergessen,
Sinn und Gott einen nichts angehen.
einer von ihnen versuchte näher an sein Ohr
zu gelangen, um ihm zuzurufen, was der Liegende
nicht zu begreifen vermochte,
rutschte aber aus und fiel runter,
dabei verletzte er ihn am Ohrläppchen.

»au!« schrie der im Gras Liegende.
»was hat er gesagt?« fragten sie. ich glaube,
er sagte: »bau!« antwortete der Heruntergefallene,
nachdem er zu sich kam. und sie bauten
ordentlich und flink. und bis zum Herbst
stellten sie einen Ameisenhaufen
in Menschengröße fertig. er lag aber
weiterhin in vergilbtem Gras, und Blätter
fielen ihm ins Gesicht. er schloss die Augen
und sah die Sterne und den Weg, und Jahrhunderte
des Lichts, und Jahrtausende der Stille.

Spuren

siehst du die Spuren von Stiefeln
in der aufgeweichten Erde?
ich sage: hier war ein Mensch.
aber ich sage es zögernd,
als ob es diesen Menschen hier nicht geben dürfte.
als ob es genauer zu sagen wäre:
hier war ein Fischer, ein Jäger oder ein Förster.
als ob es richtiger zu sagen wäre:
hier hinterließ ein unbekanntes Wesen diese Spur,
und wir brauchen ein Sachverständigengutachten,
um sein Erscheinungsbild zu rekonstruieren.
und dennoch bewege ich die Lippen:
vor uns war hier ein Mensch.
lass uns seiner Spur folgen.
lass uns nicht weiter den Dreck stampfen.
wir sollen nicht *da*nach über Menschen richten.
kneten wir keine Neuen.
die Spuren sind frisch genug.
wir haben noch Zeit,
diesen Menschen einzuholen, bevor es zu spät ist.
wir schaffen es noch
in seine blauen Augen zu blicken.
siehst du, die Spuren frieren schon an.
wir haben noch ein wenig Zeit
ihn bei seinem Namen zu rufen.
siehst du – die Spuren ...

Ausgeliehene Bücher

ausgeliehene Bücher
bringen mich immer
an den Anfang –
an den Fahrkartenschalter
der Transsibirischen Eisenbahn

In der Silvesternacht

im Haus meiner Großmutter lebte eine Ikone.
bei keinem im Dorf habe ich Ikonen gesehen.
Tausende von Fenstern und keine einzige Ikone.
im verlassenen Dorf, aus welchem
die Großmutter stammte, gab es einst eine Kirche.
später wurde in ihr ein Haus der Kultur
untergebracht. und als ich an diesen Platz kam,
stand dort bloß ein eiserner Obelisk
in blauer Farbe, gekrönt mit einem roten Stern.
auf dem Obelisk war eine Liste mit den Namen
der Gefallenen. und jedes Jahr am neunten Mai
versammelten sich Menschen am Obelisk.
sie fühlten sich gut zusammen, als ob es nie
einen Krieg gegeben hätte, niemand gestorben wäre,
und die Kirchenglocken läuteten.
die Menschen freuten sich
über den Frühling und das Wiedersehen.
wobei, lag es vielleicht am Alkohol?
aber ich trank damals nicht
und freute mich einfach so mit allen.

später erfuhr ich, dass die Ikone,
für die meine Oma aus Aluminiumfolie
einen Oklad gestaltete, aus Papier war.
die Jungfrau mit dem Jesuskind war
einfach in einer Zeitschrift abgedruckt.
daraus schnitt die Großmutter das Bildnis aus.
und wenn ich jetzt so dran denke,
fühle ich mich gleichzeitig kränklich und leicht:

wohin gingen wir und was haben wir noch übrig?
weder eine Kirche noch ein Dorf.
weder den Glauben noch die Erde.
wäre es nicht besser,
einen anderen Glauben anzunehmen,
und die Erde auszuweiden
und daraus eine Pastete zu machen?
aber ich helle auf, wenn ich denke,
dass ich den eisernen Obelisk mit dem Stern
und die Papierikone hatte.
ist das nicht der Grund, warum wir fühlen und denken,
um uns zu erinnern,
dass das Opfer nicht vergeblich war,
und dass das Leben kein Schatten ist,
sondern ausgehende
und sich selbstentzündende Flamme.

Heifetz

zuerst töteten die meine Mutter.
dann töteten die meine Schwester.
schließlich töteten die meine Musik.
ihre deutsche Musik.
die Musik, die ich liebte.
die taten so, als ob es sie nie gab.
ich kenne sie noch, aber ich werde
mich nie wieder verlieben können.

Meine Deutschen

meine Deutschen bauten Straßen und Häuser,
schmiedeten Eisen, pflügten die Erde,
dienten dem Zaren, beteten zur Jungfrau Maria,
buken Brot, wanderten durch Sibirien,
lebten unter Tataren, Altgläubigen, Mordwinen,
verloren Augen, Substantive, Gräber,
küssten die Erde wieder und wieder
und gingen früh morgens heim aus dem Haus.

Krieg

während wir als Kinder Krieg spielten,
starb der echte unbemerkt aus. die Veteranen,
die einmal jährlich in Sakkos mit Medaillen
auf den Straßen erschienen, hatten absolut
keine Ähnlichkeit mit TV-Militärparadehelden.
ihr Krieg war ein einsamer und kein großer.
ihr Sieg war die Demut und nicht der Rote Platz.
einer der älteren Brüder meiner Großmutter
war ein Veteran mit einem ausgetrockneten,
einem fast kindlich vorkommenden Arm.
wahrscheinlich deshalb glich der echte Krieg
in meiner Vorstellung jenem, den wir spielten
und in dem wir uns selbst fortwährend besiegten.

Der zweite Advent

was für ein Apfel fiel vom Apfelbaum?
wovor zittert seine Baumrinde?
lass uns den baconfarbigen Himmel
mit einer Kieferndecke verhängen,
mit warmem Nelkenwein anstoßen.

Plutarchs Kopf

Plutarchs Kopf lag
auf dem Schreibtisch.
ich stellte ihn
wie einen Becher wieder auf.
der Gipskopf fiel um. ich sagte:
»du bist wohl heute nicht bei Sinnen.«
der Kopf flüsterte:
»mein Gedächtnis habe ich verloren.«

Auerhahns Lied

ich bin irgendwo zwischen einer Fliege
und einem Elefanten stecken geblieben
auf der Ebene eines wilden Vogels.
des Auerhahns Lied ist mir gegeben –
wenn ich das Bellen höre,
runzele ich die Augenbrauen
und hänsele die Jäger.

Halt auf der Erde

der August sammelt langsam Schüler zusammen,
deren Rucksäcke und Mägen der Sommer leerte.
Pflaumen fallen auf trockenen Asphalt,
wo Sohlen sie zu Marmelade zerquetschen.
die Straßenarbeiten stehen still,
als ob da eine Fliegerbombe explodierte.
im Schaufenster spiegelt sich der September.
eine Verkäuferin wickelt Puppen warm ein,
die Bewohnern eines Pflegeheims ähneln.
mollige Tauben springen vom Dach –
ob ihr Gesangslehrer das Klassenzimmer verließ?
das Jahrhundert ist zu Ende gegangen.
Gedächtnis und Bier wärmen nicht.
ein Sonnenstrahl kratzt die Wange,
schneidet die Haut nicht.

Im Dunkeln

I

im Dunkeln, im Zimmer, im Sessel
fühl dich wie ein nackter Kaiser,
wie eine direkte Rede. Verse erscheinen,
berührt das Gespenst eines Straßenkindes eine Saite –
eine fliegende, fließende, ewige –
verwandelt sich eine Nachtmotte in ein Teelicht,
laicht ein Döschen in ein Schälchen,
bindet man ein Zeitalter in die menschliche Zelle ein.

II

seit Kindesalter war ich in einer Menschenschar
verängstigt. und ich genoss es, wie eine Echse
ihren Schwanz abwarf und die Kohle der Preiselbeere
unter Bäumen glühte. und der Schatz des Brunnens,
und der Stein des Hechtes, und der Teer der Mücke,
und das Fleisch des Feuerholzes waren
freimütig zu mir. und wie ein Tagebuch
las ich meinen Völkerstamm.

III

ich ziehe aus mir heraus eine Wurzel, einen Stachel,
einen Namen, damit eine Biene wieder erklingt.
so brachte der Heilige Franziskus
die goldenen Kugeln hervor.

wenn man sich gar entblößt,
erkennt man diese Gaben nicht.
ein ganzes Leben ist nötig, um diese herauszuziehen,
bis das Herz vom Blut gesättigt ist.

IV

ich wiederhole mich versehentlich,
dass es weder Götter noch Helden gibt,
dass die Grenze zwischen Allgemeinmenschlichem
und Menschenähnlichem verwischt ist.
daher ist es besser im Voraus zu lügen,
dass ich, der Imperator der Feder, der sich selbst
auf eine Insel wie in eine Schublade verbannte,
für mich keinen Platz in leeren Spiegeln fand.

V

ich weiß, wann Romane enden,
wie des Imperiums Gletscher qualmt und schmilzt.
wir wärmen, drücken unsere Hände, erwarten aber
Bärenstreicheleinheiten und werden irre.
wir sind weder verbrüdert noch verschwägert.
wie blinde Knollen eines Kartoffelwinters
schauen wir aus den Schützengräben durch Ferngläser
auf die arme Welt, auf den luxuriösen Frieden.

VI

ich lebte in vier Ländern in vier Wänden
unter vier Jahreszeiten. die fünfte Zeit ist gekommen,
um all jene abzulösen. der Schneidermeister,
ein überflüssiges Stück vom Festland der Materie
abgeschnitten, flickte das Meer. jetzt liegt die Insel
offen nach allen Richtungen, gespannt,
wann neue Evangelisten wie Touristen
im Airport ankommen.

VII

wenn ich eine Jungfrau oder ein Klavier wäre,
und mich irgendein Macho im Frack begrapschte,
und meine Haare flössen und wie Honig glänzten,
gäbe es von mir mehr Nutzen als von einer toten Biene.
aber ich lebe – Glückspilz – höre Mandelstams
morgenrötliches Kichern. und obwohl ich
das Übermorgen nicht ahne, bitte: erschaffe weiterhin
die Welten mit dem Dunkeln, einem Zimmer, einem
                                        Sessel.

Hinter dem nächtlichen Horizont

hinter dem nächtlichen Horizont
klirrte etwas
und es wurde still
und kühl
als ob ein Schnapsglas
meines Zechgenossen
zerschellte

Minendetektor

hier war der Bauernhof meines Vorfahren.
hier hat er sein Haus gebaut.
hier wurde er von Rotarmisten mit Gewehren enteignet.
von hier aus ging er im Sommer '41 in die Rote Armee.
ich weiß nicht, ob er ein Gewehr bekam oder
ob er sich selbst im Kampf eine Waffe besorgen musste.
er war ein Jäger und irgendwo hier
vergrub er seine Büchsen und Flinten.
der Minendetektor piept vom verrosteten Metall,
als ob die ganze Erde von jenseitigen Dingen knattert.

Weißer Sonntag

was hast du noch vor dir?
der Tod ist noch nicht das Schlimmste,
was passieren könnte ...
Ostereier ohne Geschichte,
ohne Stammbaum.
drehe den Korkenzieher tiefer in den Hals rein
und du wirst sehen, wie der Wein aus der Wunde fließt.
im Himmel gibt es eine Flaschenannahme.
Engel bewahren in den Flaschen
destillierte Seelen der Neophyten auf.

Mit dem Rauchen aufzuhören

mit dem Rauchen aufzuhören
fällt natürlich leichter
als das Leben aufzuhören.
als ob ich zu einem Zigarettenstummel werde.
und ein Krüppel fragte: »entschuldigen Sie bitte,
darf ich Sie aufrauchen?«

Ich las deinen Namen

ich las deinen Namen
wie ein Gedicht
auf meiner Hand,
meine Bestimmung,
das letzte Wort –
Freiheit.

Namensvetter

gestern wurde mein Namensvetter getötet.
ich habe von ihm nichts gewusst,
aber heute las ich im Netz,
dass er im Krieg gefallen ist.
ich habe gestern meinen Namensvetter verloren.
er hat heute seinen Augenzeugen verloren.

Licht

wir sammelten Licht wie Honig.
als wir aber die Glühbirne zerschlugen,
war sie leer.

Frösche

mein Vater liebte es, mir ein Gleichnis
von zwei Fröschen zu erzählen,
die in einen Krug mit Milch fallen.
das sollte lehrreich sein.
zum anderen erzählte er,
dass Menschen früher Frösche in Milch
legten, damit die Milch nicht sauer wird.

(Refrain)
und Leben wie Sahne,
Leben wie ein Federbett.
Gedächtnis aber wie eine Quelle,
Erinnerung – ein Stück Treibholz.

Gute Nacht, Seeleute

gute Nacht, Seeleute.
ich bleibe
mit meinem Wind am Land
und schaue,
wie die Ruinen des Meeres errichtet werden,
wie die Gedanken der Felsen zerstört werden.

Serienmörder

er kommt von der Arbeit
nach Hause. toastet Brot.
macht den Fernseher an.
schmiert Butter
und Erdbeermarmelade aufs Brot.
schaut Nachrichten.
trinkt Kamillentee.
schaltet den Sender um.
schaut ein paar Minuten eine Serie.
schaltet zu einem Musiksender um
und macht den Ton aus.
das Telefon vibriert:
»ja, ich bin zu Hause, todmüde.
nein, du musst nicht kommen,
in den Nachrichten sagen sie,
dass er noch nicht gefasst wurde.
und wenn schon paranoid.
ich liebe dich lebend
und in Form von Brühwurst,
umhüllt mit Plastik, irgendwie nicht so.
ja, ja, ich weiß, ich habe
Fäkalhumor. wie das Leben
so der Humor. entschuldige.
hast du gewusst, dass etwa
die Hälfte der Erdbevölkerung
im Alltag zwei Sprachen verwendet?
nein, einfach so. irgendwie witzig.
wir werden uns auf einer nicht einig,
der Mund ist ständig voll

mit irgendeinem Quatsch,
und andere haben ganze zwei Zungen.
mit welcher von den beiden
küssen sie da unten?
ja, entschuldige. dann bis Samstag.«
er stellt den Wecker auf dem Handy
und wickelt sich in die Decke auf der Couch.
im Fernsehen flimmern Bilder,
Körperteile von Dancern und Rappern.
»sie sind unser Ebenbild.
sie sind wie verlorene Wörter.
es gibt sie fast nicht.«
er schlägt sich mit der Faust gegen die Stirn:
»oh Gott, lasst uns damit aufhören.«

Punkt

das Flugzeug fliegt langsam,
langsamer.
ich schaffe es,
die Zigarette aufzurauchen
und einen Punkt
mit der Schuhspitze
auf dem Gehweg zu setzen.

Buch
                          für C.

ein gutes Buch gleicht einer Katze;
springt vom Tisch,
legt sich dem Leser auf den Bauch.
murrt mit den Seiten:
»kraule mir den Einband.«
der Leser streichelt es
vom Vorsatz bis zum Schwanz,
das Buch streckt sich verzückt,
rollt mit den Augen des Autors.
und der Leser vergisst die Verfassung
und den Namen des Präsidenten.
das Buch flüstert im Traum:
»ich weiß, wenn du noch
so viele Bücher haben wirst,
bist du bereit für mich deine Nacht zu opfern.«

Rede auf einer Pyjama-Party

ich sage, dass unsere Gesellschaft
eine parallele Paranoia eingeholt hat.
zuerst untersagten wir uns selbst
das Rauchen in den Kneipen,
danach das Mitnehmen von Wasser in die Flughäfen.
wir hätten es dabei belassen können,
aber wir gingen einen Schritt weiter
und verboten Glühlampen,
veraltete Verbrennungsmotoren.
es schien, als ob wir unseren Wertehorizont
wie einst Columbus erreichten
und nun die ewig goldene Sonne scheinen wird.
aber in Wirklichkeit erfanden wir das Richtrad neu.
lasst uns keine Zyniker sein,
so müssen wir nach dem Burkaverbot
konsequent bleiben,
die Sache bis zum logischen Ende führen
und das Tragen von Pyjamas verbieten,
von dieser etymologisch fremden aus Asien
eingeschleppten »Beinkleidung«,
die sich in unseren Betten einnistete,
die unsere Glieder der gottgegebenen Freiheit beraubte.

Gedicht

du atmest in den Spiegel:
bist du in Wirklichkeit geschaffen?
du lebst eine Sekunde verspätet
wie die Titel in einem taubstummen Film.
aber wenn sich Spiritus
im Dämmerlicht entzündet,
wenn sich ein Stripper mit einem Ruck
seine Arbeitsrobe runterreißt,
bleibt ein nackter Stuhl
auf der Bühne stehen,
geschaffen nach seinem Ebenbild
wie ein Gedicht.

Verliebte Kamele

einmal verliebte sich ein Kamel
in ein anderes Kamel
es spuckte ihm aber in die Fresse

ein weiteres Mal verliebte sich ein Kamel
in eine dornige Alhagi-Pflanze
und fraß sie

ein Kamel verliebte sich
in ein Dromedar
es fand aber das Kamel hässlich

ein Kamel verliebte sich in die Wüste
fastete einen Monat lang
wäre beinahe an der unerwiderten Liebe gestorben

ein nächstes Mal verliebte sich
ein Kamel in die Wüste
und wurde zum Einsiedler

zwei Kamele verliebten sich ineinander
heirateten
und bildeten eine neue Karawane

Weg

eine Schnecke macht sich auf den Weg

die Kuppel
die Glocke
die Zeit
alles hat sie mit

die Schnecke macht sich auf den Weg
zum Weinberg

Mäuse im Meer

mit Katzen bedeckte Felsen.
von Mäusen wimmelndes Meer.
aufs Meer glotzende Katzen.
mit Ohren zum Ufer paddelnde Mäuse.
die Mausefalle hat zugeschnappt.

Hebamme

was wurde aus meiner Hebamme?
wie war ihr Name?
vielleicht schrie ich ihn,
als sie mich zum letzten Mal
in ihren Händen wog.
vielleicht schielte sie?
hatte sie einen knallroten Lippenstift
oder mohnfarbige Haare?
war sie schlank wie ein Reh
oder hatte sie Kuhbeine?
niemand kann mehr sagen,
ob sie noch am Leben ist.
ich habe ihr alles verziehen.
Amen.

Flaschenpost

ich schwimme durch die Welt
wie jener Brief aus der Flasche,
den ein Junge in etwa fünfundsechzig Jahren
herausfischt und vorliest:
»nach uns ist die Müllhalde.«

Prager Frühling

wenn ich ein Panzerfahrer wäre,
ich wäre nach Prag gefahren:
in Prag gibt es solche Frühlinge,
in Prag blühen Flaggen auf.
ich wäre in eine Kellerbar
im Halbdunkel reingekommen.
eine halbe Stunde ist rum,
seit Wolken die Sonne stürzten.
in der Prager Bar ist es trübe:
Barkeeper und zwei Nutten.
die Eine kann etwas Russisch,
die Hand liegt im Schoß
wie ein mit Plastiksteinen
bestückter Deckel einer Schachtel.
Barkeeper, zapfe denen drei Finger breit voll
oder so voll, wie der Rock dieser Rothaarigen lang ist.
in Prag pflegen solche Frühlinge zu passieren,
dass Schnecken wie Panzer Trottoire ablecken.
Barkeeper, zapfe meine Hand
mit goldenem Absinth voll:
ich hab mir einen neuen Cocktail ausgedacht.
im Prager Frühling hätte ich Nutten abgeschleppt,
wenn ich ein Panzerfahrer wäre.

Schneekönigin

für Saskia Wieck

mich machen Banken rasend,
die uns Glasperlen andrehen.
ich koche vor Wut, weil wir uns
von Regierungen gläsern machen lassen.
mich kotzen Ämter an, vor die wir
unsere Perlen werfen müssen.
ich würde so gerne auf die Straße laufen
und alles zerschlagen:
die Glasburgen der Banken,
die Glaspaläste der Regierungen,
die Glasgefängnisse der Ämter.
ich sehe, wie die Schneekönigin
ihre Schleppe über den Planeten zieht.
vor Wut zerschlug ich das eigene Spiegelbild
und sah einen widerlichen Troll
mit winzigen Augen in den Splittern.

Haustier

eine Katze fing ein Männlein,
zerzauste ihn,
kaute an seinen Flügeln
und ließ ihn frei:
»fliege zum Himmel, zur Arbeit.«

Opfer

Schafe
blicken zu den Wolken,
blöken:
»Erzväter,
unsere Herde
dürstet nach Wahrheit,
sendet uns einen Propheten ...«

Schafe
verstecken sich
vor Gewitter unter den Bäumen,
blöken:
»Erzväter,
nehmt unser Opfer an,
damit die Hirten vom Lamm gesättigt werden.«

Inspiration

damit ein Gedicht gelingt, muss man
einen Hund oder einen Nachbarn umbringen.
danach eine Anzeige bei der Polizei
in Versform erstatten. jetzt
kann man sich mit ruhigem Gewissen
einen anderen Hund anschaffen oder
sich mit einem neuen Nachbarn anfreunden
und auf die nächste Inspiration warten.

Wilder Diktator

probieren Sie die Spezialität unseres Hauses:
Wilder Diktator.
wie hätten Sie ihn gern zubereitet?
durchgebraten oder blutig?
mit Chili oder ganz ohne Gewürze?
es ist besser etwas weniger Salz zuzugeben.
er hat sich doch zu lange
von der Leber seiner Feinde
und von den Herzen der Untertanen genährt.
als Beilage bieten wir
Massenvernichtungswaffen an.
seien Sie unbesorgt. sie waren
nur zu Lebzeiten des Tyrannen gefährlich.
aber für den Fall der Fälle bekommen Sie
völlig umsonst Jodtabletten
zum Gericht serviert.
Trinkgeld ist übrigens in der Rechnung enthalten.
Sie können aber noch etwas spenden
für die Rehabilitation der Tiere
aus seinem privaten Zoo.
bon appétit!

Diogenes philosophiert

was ich mir denke,
ist mein eigener Hundedreck.

Midgard

ein witziges Wesen ist der Mensch:
schwimmt,
fliegt,
ohne dass er dazu
auch nur die geringste Veranlagung hätte.
und zu Hause
betet er die Montageanleitung
des Küchenaltars an –
wehe, eine Schraube bleibt übrig.

Umstände

angesichts der Tatsache,
dass das Schicksal der Verfolgten erbärmlich ist,
müssen wir sie willkommen heißen,
aber nur ein Messias könnte
eine solche Menschenmenge
mit einem einzigen Boot retten.
angesichts der Tatsache,
dass wir an unsere Grenzen stoßen
und uns Land und Luft ausgehen,
müssen wir Grenzen setzen,
aber nur ein Prophet könnte das Meer teilen.
angesichts der Tatsache,
dass die Gletscher schmelzen
und der Meeresspiegel steigt,
müssen wir auf die Sintflut gefasst sein,
aber nur Gott könnte uns
mit dem Bau einer Arche beauftragen.
aufgrund der Umstände,
dass das Mittelmeer nirgendwo anfängt,
aber im Mittelalter endet,
müssen wir schnellstmöglich eine Gedenkstätte
mit einem Tempel in Form
einer Ararat-Pyramide errichten,
damit diese uns an künftige Lügen ermahnt.

Zebra

ein frisch erlegtes Zebra
liegt
auf dem Asphalt –
herrenlos.
(hier enden die Verse.)

wenn du darüber schreitest,
mach dich nicht schmutzig
mit seinem weißen Blut.
hinterlasse keine Spuren.

Herbst

Herbst
Fliegen wärmen
die Beine an einer Glühbirne

Wohin man auch schaut

wohin man auch schaut, überall ragen
die Ohren der Dinge hervor. vor der Tür
machte sich wie eine Fußmatte ein Tier breit.
rohes Ei zerfließt wie eine Rede.
Salz misst man mit Fingern –
Worte mit Flüstern.

Ein Wort gleicht einer Skizze

ein Wort gleicht einer Skizze
für mein Gehör.
ich bin der Urenkel jener,
die als ein Wald gewachsen sind.
in diesem Wald bin ich bloß
ein Teenager, der einen Baum schüttelt.
einen vom Zweig gefallenen Schädel
halte ich in meiner Hand.
und allem zum Trotz,
wie toll, dass der Himmel in Hektar
nicht gemessen werden kann,
wo marmorne Kinder vor dem Bildhauer
Verstecken spielen.

Philosoph Lossew

der Philosoph Lossew erblindete
an seinem Lebensabend fast vollständig.
er konnte nur hell und dunkel unterscheiden.
aber es störte ihn nicht, im Gegenteil
erlaubte ihm die Blindheit
Menschen und ihre Schatten
noch genauer zu betrachten.

Friede eurem Haus

einst wurde ich gefragt,
ob ich nach Europa gehen will.
seitdem sind über zwanzig Jahre vergangen.
ich bin immer noch unterwegs.
ich komme nicht an.
und ein Jagdflieger singt hoch
mit der Stimme
des zum eigenen Konzert
eilenden Wladimirs.

Ich habe einen anderen Weg

ich habe einen anderen Weg:
zu spüren, wie die Erde riecht.
nach vorn Gehen!
entweder du gehst, oder du bist nicht.
es musste irgendwann enden,
und schließlich kam es –
Einsamkeit einer sommerlichen Nacht.

Aquarium

ich stehe am anderen Ufer
und rufe: schwimm, Leser!
ich mache aus dir einen Schwimmer!
aber der Leser regt sich nicht.
und ich rufe: geh, Leser!
ich mache aus dir einen Schwimmkäfer!

aber der an Leitungswasser gewöhnte
Leser wartet, und ich rufe: verpiss dich!
der Leser macht einen Schritt zurück,
das Aquarium zerbricht,
und meine Worte den Fischen gleich
ersticken in seinen Händen.

Im Andenken an M. M. S.

Sterne schweigen,
als wenn sie nie gesprochen hätten.
nur Kinder reden schlummernd:
»es war einmal ein ...«.
aber ich kenne noch
diese kükenartige Angst und Stummheit:
»wo ist denn mein Hemd,
welches du bestickt hattest?«

mein Leben wackelt,
meine Zunge zählt die Zähne.
kehre ich glücklich heim,
zerschlage ich alle Teller.
nur welcher Heimat Sonne scheint mir
auf den Scheitel?
was für ein Vogel kämpft
nun über mir mit Winden?

alle meine Erbschaft,
alle Nachbarschaft der Welt ...
als wenn du mir all das
für diese eine Nacht erschaffen hast.
bald ist das Weihnachtsfest.
wieder wird der Junge weinen.
einen Zederkern geknackt.
leer ist er wie ein Kinderball.

Pistole

mein Onkel, der als Berufsjäger arbeitete,
brachte mir zum Geburtstag aus der Taiga
eine Pistole, welche ich nie in Krasnojarsk
im Verkauf gesehen hatte. die Pistole war
ein Spielzeug aus gutem Stahl, wenn ich mir
aber ein wenig den Kopf zerbrochen hätte,
wäre ein unentbehrlicher Begleiter
eines jungen Kriminellen daraus geworden.
solche selbstgebastelten Waffen sah ich
im Stadtteil Sewernyj.

aber ich bringe meine Pistole, um damit
vor den Mitschülern anzugeben, in die Schule
Nummer 139, wo sie in der Pause vom Schulleiter
beschlagnahmt wird. ein Dutzend Jahre später
wird der Schulleiter von seinen ehemaligen Schülern
umgebracht. mein Onkel schmeißt die Jagd hin
und baut Gemüse an. nachts spielt er Tomaten
im Gewächshaus klassische Musik vor.
nach der Pistole fragt er nie. und ich selbst
werde sie bald vergessen.

Stein

mein Opa konnte bis etwa zu seinem
dreizehnten Lebensjahr kein Russisch.
»und die Schule?«, wunderte ich mich.
»war Krieg. hatte keine Filzstiefel.«
»und wo hast du das Russische so gelernt?«
»haben Vieh gehütet.
Hirte hebt einen Stein
und sagt: камень.
und ich wiederhole:
kamen.
камеn.
камень.
damals gab es viele Steine.«

Der Mensch fliegt durch die Straße
                              für L.

der Mensch fliegt durch die Straße,
er ähnelt einer Biene,
die den Eingang in den Bienenstock sucht.
wie der Imker vor der Biene,
beugt sich der Mensch.
und von den Gesichtern der Heiligen tropft Honig.

Poet im Port

er saß an einer Kette aus Lettern
wie ein Schleppkahn am Kai.
und fast alles, was er leierte,
»76 Tage. es sind 76 Tage geblieben
bis zur Abfahrt meiner Arche«
war richtig und unumkehrbar.

Bastion

Vollmond.
Wasser wie gehärteter Stahl.
Palmen laufen die Küste hinauf.
Sträucher gleiten zu den Wellen hinab.
unterhalb der Bastionsmauern liegt Havanna
wie eine Mulattin in einem ausgeleierten Kleid.
die Bastion schläft wie ein Veteran,
der Könige, Kriege, Dichter, Unabhängigkeit,
Diktatoren und Revolutionen überlebte.
sie träumt von Piraten,
sie würde Rum auf ihr Gedenken trinken,
sie hat aber keine Kehle.
der Leuchtturm gähnt in die Dunkelheit.
die Bastion schlummert.
die Stadt grummelt dumpf wie ein Hund.
Wäsche trocknet auf dem Exerzierplatz.
Punkt neun Uhr.
Kanonenschuss.
danach geben die Soldaten
ihre spanischen Uniformen in der Garderobe ab.
Havanna schläft nicht
bis zwei Uhr Mitternacht.
so ist der Brauch.

Ich bin noch hier

ich bin noch hier
ich bin noch hiesig
lebe auf dem Wölkchen
mich bellen Hündchen an
schnappen nach der Hose
falle auf den Boden
wache auf wie
ein Depp

Du schlugst das Wort wie ein Fenster auf

du schlugst das Wort wie ein Fenster auf,
und die Vorhänge verwandelten sich in Flügel.
und Pferde stiegen aus dem Gras in den Himmel empor
und aßen Sonnenschein aus deiner Hand.
wie eine Erinnerung erschien der Berg,
aber bei allem Willen lässt sich
der Stein nicht auswringen.
und der Vogel zwitscherte den eigenen Namen,
als du der Welt das Wort zurückgegeben hattest.

Variationen

ich laufe durch die nächtliche Straße
ringsum hunderte Häuser
ich gehe an ihnen vorbei
ich war nie dort
und werde es niemals sein
da wartet niemand auf mich
ich laufe durch die nächtliche Straße
Häuser werden kleiner
verlieren Fenster und Türen
Häuser verlassen langsam die Stadt

Eine Skizze im Speisewagen

der Zug hat genug Platz für alle;
einige schlafen, einige lesen Zeitungen,
andere schlendern durch den Zug,
die meisten sind ruhig, entspannt.
die Sonne macht Männer unter- und
Frauen über der Gürtellinie heiß.
es riecht nach Diesel und Honigklee
und nach getrockneter Brachse
auf dem Nachbartisch.
alles, was in diesem Zugabteil noch geblieben ist –
ein Schluck Bier im Glas
und heiße Luft aus dem Radioempfänger,
aus dem eine Frauenstimme
Kriegsberichte erstattet.

Privatsache

ich endete an dieser Stelle.
und mein Schatten und mein Spiegelbild
und mein Schritt –
sie leben jetzt getrennt von mir.
mit der Hand nach rechts gewunken,
sagte ich: bieg links ein.
und der Schatten und das Spiegelbild
und der Schritt –
sie bogen rechts von mir ab.
die nackte Stimme blieb mir bloß –
und wie der Metzger des Opfers Blut ablässt,
rede ich mit Leuten über Menschlichkeit.
wie dünn ist der Tag, wie süß ist mein Blut!

Déjà-vu

bei mir wohnt ein stilles Déjà-vu.
wie eine Katze halte ich es im Haus.
schnurre mir zu, mein Déjà-vu,
was ich noch überlebe, erlebe, belebe.

Phantome

Ein Langgedicht

I. Landschaft da draußen

wenn du nach rechts gehst, verlierst du die Stimme.
aber wozu brauchst du das Echo einer Silbe?
ein krummarmiger Schiwa verwechselt
sowieso die Geschenke, statt des Nobelpreises
zieht er einen Pudel aus dem Hut.

existierten die Griechen, wenn es Homer nicht gab,
wozu erzählst du dann über Menschen
von unserer Größe? Köpfe und Schwänze
schwimmen, Fische glotzen, die Suppe versöhnt
ein Raubtier mit seiner Beute für immer.

und wenn schon sich irgendein Leben im Universum
dreht und leuchtet, dein Gesicht trocknet
mit einer Pfütze zusammen aus. also wozu
auf einer Lyra für einen tauben Schatten spielen,
wenn er, bevor es hell wird, in der Tür verschwindet?

wenn du nach links gehst,
verlierst du den Glauben.
aber wozu hast du das Gespenst der Jungfrau nötig?
wie oft man auch »Sesam« aufsagt,
öffnet sich der Himmel nicht wie ein Kühlschrank.

schon die Geburt gleicht einem Sechser im Lotto.
ist es nicht Wunder genug,
sich an der Heizung anzulehnen?
oder des Bodens Sicherheit, seine Beständigkeit,
nur der Boden gibt den Raum für einen Tanz.

bete Ikonen, noch besser die Wände, an,
sie werden nicht lügen, woraus unsere Welt besteht.
die Landschaft im Fenster
wird enger wie in einem Tunnel,
also wozu hast du die Berge da draußen nötig?

wenn du geradeaus gehst, verlierst du das Gedächtnis.
aber wozu hast du des Bewusstseins Grube nötig?
jeder Schüler weiß, dass einem Fahrplan die Züge
und nicht Passagiere folgen,
und dass, wie man auch ein Lied im Chor singt,

ein Flügel zu einem Wald davon nicht wird.
wozu sich Beine brechen, wenn uns Räder
gegeben sind? schau doch
auf die dich umgebenden Gegenstände, welche
du deine eigenen nennst. sie tragen in sich kein Leben,

und darin besteht ihr höchster Nutzen für die Welt,
welche sie in ihrem Lotussitz anpreisen.
also wozu züchtest du glotzende Kartoffeln,
ist Orpheus nicht heimgekehrt
ohne abgenutzte Stiefel?

II. Ich kann reden

der Sturm ist vorbei – am Horizont
sind Masten versunkener Schiffe zu sehen.
lasst uns von jenen reden,
von denen wir jetzt nur schweigen können.
sie sind wie abgebrannter Kiefernwald,
wo Millionen von Stimmen
zu einem einzigen »Erde« verschmelzen.

Familiengruften der Fotographien,
verschneite Denkmäler warten
auf ihren Ururenkel-Archäologen,
der sich an die Wahrwahrheit erinnert,
warten auf ihren Arzt, der die Wunden
auf Menschenpergament wäscht,
warten auf ihren DNA-Erben –
diese selbstmörderische Legierung,
diesen Meilenstein im Roggenfeld,
diese Narbe auf dem Mutterbauch.

III. Leuchte, mein Stern

ein Freund sagt mir:
»ich kann all das
nicht tragen, all diese
Kredite zurückzuzahlen.
eine Gartenlaube zu bauen.
wird meine Tochter erwachsener,
kann ich mir endlich den Mund zunähen.«

er ist 264 Stunden älter als ich,
und schon probiert seine Seele
ein Todeshemd an. »ein Leben zu leben
ist nicht wie Fremdgehen.«
das Feuer brennt. der Freund wirft
auf dem Boden liegenden Müll hinein.
»jeder Satz ist nur ein vulgärer Ersatz.«
Worte verbrennen den Mund.
»es blieb nur die Arbeit und am Wochenende
besoffen die Sau rauszulassen.«
die Zigarette verbrennt die Lippen.
»warum sind wir keine Fische?
wir bestehen doch aus Wasser.
wir sind bloß Grünfutter,
wir schwimmen wie Salzgurken in der Lake
und werden beim Totenmahl verspeist,
wenn man eben unserer gedenkt.
warum können wir uns selbst denn nicht
wie Konservendosen vor der Frist öffnen?«
sein Kopf fällt auf die Brust
und der verbrannte Mund vergisst die Worte.

IV. Ebersche

»was heißt Sakarment¹?«,
ich gehe mit der Oma Máscha
über den Dorffriedhof.
sie zeigt mir Hügelchen
und Dellen in der Erde, nennt
die Namen, erzählt,
wie sie starben:
»ein schlimmes Wort auf Deutsch,
du brauchst es nicht.
vergiss es.
wo ist das Grab,
das Holzkreuz umgefallen,
alles mit Gras überwuchert,
und ich habe vergessen, wo das war.
und du vergiss es.«
die Verstorbenen schauen von Grabsteinen
objektiv auf die rausgeflogene Meise.
ich trete vorsichtig über die Toten
und ich wiederhole wie ein Stummer:
»Sakarment.
Sakarment.
Sakarment.«

wir laufen um die Wette. ich bin 11, sie ist 55.
wir suchten etwa eine Woche im Wald,
waren im Nachbardorf Wossnesenka,
wo, so sagt man,
jeder zweite ein Tänzer
und sein Nachbar ein Musikant ist.

das Kalb ging verloren.
die Kuh muhte eine Nacht lang
und vergaß es.
den nächsten Sommer fand man
eine Mumie in der Grube hinter der Schweinefarm,
wo Brennnesseln wuchern
und in ihrer Mitte
eine Eberesche steht.

V. Feuer im Brunnen

an Juliabenden unter dem Himmel
wie unter einem roten Felsen
versammeln sich Geister
der Singenden und Trinkenden
an einem langen Tisch nach der Heuernte.

»Genosse Stalin weiß alles:
wie viele Eier ein Hühnchen legt,
wie viel Milch ein Kuhlein gibt,
wie viele Pelze ein Schäfchen trägt.«

вот кто-то с горочки спустился ...
da ist jemand vom Hügel hinabgestiegen ...

»guckt unter die Füße. tretet nicht auf die Kätzchen.
sie sehen dieses Jahr toll aus. zu schade war es,
sie in einem Mülleimer zu ertränken.
und unsere Katze fiel in den Brunnen und tot war sie.
den Brunnen mussten wir zuschütten.
und wie man einen Neuen baut, weiß niemand mehr.
zum Wasserholen fahren wir zum anderen Dorfende.
das Wasser schmeckt aber nicht – als wäre es tot.«

там вдали за рекой зажигались огни ...
da, weit hinter dem Fluss, zündeten die Lichter ...

»Deppen im Bürgerkrieg
schossen mit Kanonen
von Od Erjamo[2] auf Iwantai.

es sind zwei Kilometer dazwischen,
von unserem Mordowien nach Belarus,
aber auch jetzt bei trockenem Wetter
ist es eine halbe Stunde Fahrt.
weiß der Geier, wer da geschossen hat.
wahrscheinlich die Weißen,
aber vielleicht waren es auch die Roten.
was macht das jetzt für einen Unterschied?«

»da, wo man zu den Altgläubigen nach Bukar fährt,
wo die Abzweigung zum Listwjagi ist,
erschossen rote Partisanen zwei weiße Offiziere.
die Partisanen, die waren nur außen rot
und innen verfault. dem einen jagte man
eine Mistgabel in den Bauch
während der Kollektivierung, so doll ging er
allen auf den Sack mit seinem Nagant-Revolver.
und seine Frau, so sagte man, freute sich sehr.
er schleifte sie mit dem Pferd durch das Dorf.
geheiratet hat sie aber nie wieder.«

»und Demokraten? das sind Lümmel.
was wollten sie teilen? Russland?
das Gold von Admiral Koltschak? das ist es eben!
alles eins – AG RaubTaiga.«

»wo ist unser Od Erjamo – Neues Leben?
vielleicht war es nie wirklich,
und wir haben nie geliebt?

wie ein kopfloses Huhn lief es rum
und fiel in die Grube.
bald gibt es niemanden mehr,
mit dem man ein Wort wechseln könnte.
Baburin lebte wie ein Mohikaner
noch in Mordowien,
man zeigte ihn sogar im Fernsehen.
gleich danach hat sich
seine Seele verabschiedet.«

»auch in Iwantai blüht Iwantschai –
das Weidenröschen.
gestorben ist Iwantai.
Belarussen siedelten sich dort an.
sie stellten die Kreuze an ihren Gräbern
nicht am Kopf auf, sondern in den Füßen.
das Weidenröschen gedeiht jetzt
prächtig in den Dörfern.
das Weidenröschen ist die Blume des Feuers,
die Blume der verschütteten Brunnen.«

с неба звёздочка упала прямо милому в штаны ...
vom Himmel ist das Sternchen gefallen,
meinem Liebsten in die Hose ...

die Geister sitzen am Tisch bis Mitternacht.
ich, noch blauäugig und blond,
horche ihren Geschichten und erschrecke mich
jedes Mal vor Wörtern – sie ähneln wilden Vögeln

und Fischen, die Jäger aus der Taiga mitbringen.
Geschichten – über den Chinesen Li Tai Schu,
der Mohn in seinem Gemüsegarten anbaute
und den Knackis aus dem Zug warfen.
über den unter einer Lärchenwurzel
begrabenen Holzfäller,
dessen Überreste man Jahre später fand.
über die sich in ein Schwein verwandelnde Hexe,
die nachts Kolchosekühe aussaugte.
über die Stoßarbeiterin-Traktoristin,
die mit dem Pflug ihre drei Helfer zerstückelte.
ich spähe diese unsichtbare Welt der Legenden aus
wie einen eingefallenen Brunnen,
der unter die Erde gesunken ist, aber diese Welt
kehrt jedes Mal wieder, wenn ich die Lieder
aus meiner Kindheit vor mich her summe,
um sich wieder in Luft aufzulösen,
um zum Geruch des Regens zu werden.
ist es nicht der Grund, warum wir uns selbst
und unsere Ahnen wiederholen müssen:
wir sind Sauerstoff,
mit dem die Erde und Od Erjamo atmet.

VI. Hirndruck

wo die Geographie endet,
blüht eine Bibliographie auf.
aus Sand und Salz wachsende,
sich zu den Sternen ziehende
biografische Algen bemerkt
ein Zar-Fisch nicht, bis er
eines Tages das Eis des Himmels überblickt.
Algen wie Kinderbücher,
die sich selbst blättern.
was erschafft ein Gedicht?
das Horoskop des Lesers?
der Hunger des Verlegers?
das Honorar des Schriftstellers?
und der Kristall des Auges schwitzt und singt,
und der Mund blinkt, Luft lesend.

alle Wege deines Körpers führen
zu den Muttermalen. die Treue Gott
und dem Sohn gegenüber ist schwer:
der Erste ist im Katzenglas der Flasche
aufgelöst wie ein sinnloses Wort,
der Zweite bist du selbst. es bleibt nur, sich
der Mutter anzuvertrauen, die dich erweckte.
aber in einem riesigen Dom
wie ein Kreuzfahrtschiff ist
ein Menschengebet für die immer dasselbe
antwortenden Statuen unerträglich;
in ihnen sind der Sisyphos und der Stein,
der Gedanke und der Schädel,

der lebenszeitige Himmel und die Marmorerde
zusammengewachsen.
was für die Toten ein Gebet des Meeres ist,
ist für die Lebenden ein Requiem des Baches.

was sind wir mit dir? wir haben weder eine Flöte
noch eine Wirbelsäule. was bleibt uns,
den Zeitgenossen der Epoche Fick-Kiff-Leck?
wir verdauen Waldbeeren zu Marmelade,
um den Gärungsprozess zu verzögern.
im Kopernikanischen System zerstört uns
nicht ein Atomkrieg, sondern ein Krieg der Atome.
vielleicht sind wir doch nicht aufgewacht?
vielleicht ist der Zug nie abgefahren,
und Anna traf ihren Lew Nikolajewitsch am Bahnhof –
ihren Gott oder Sohn?

ich existiere immer noch in der alten Welt,
aber leben tue ich nach einer neuen Zeitrechnung.
was soll ich denken, wo ich mich verlaufen habe?
in welchen indogermanischen Sprachen?
umarme nicht die Brust des Steins,
lass den Sand nicht aus den Händen laufen.
von Prosa schlafe ich ein.
der Chinese Li blüht
wie eine Mohnblume im Osten auf
und ein Gedicht erweckt Stummheit.
und das ist Kunst: wenn die Leere brennt,
als ob sie lebendig wäre.

VII. Beerdigung des Chores

ich kam zu diesem Trinkgelage,
und meine Finger wurden hellseherisch
und redeten in verschiedenen Zungen.
wenn ich von Anfang an gewusst hätte,
womit ich mit den Leuten hier verbunden bin.
ich Lügner, und in meinem Inneren ein Europa,
das sich die Zähne an Asien ausbiss.
der Sohn welcher Welt bin ich?
der Traum welchen Landes bin ich?
Vater, atme ich?
Luft, bist du mein Vaterland?
Spiegel lügen nicht – ich atme.
mich mit einhundert Euro vom Wahnsinn freigekauft,
stehe ich am Ufer eines neuen Buches,
und die Insel brütet mein obdachloses Gehirn
auf dem Gutenberg aus.

wir sitzen auf der Terrasse
umarmt vom dionysischen Gedanken.
du fragst mich, worüber ich lächle?
das Leben, wenn man plötzlich aufschaut,
ist so ein Eintagsding, so ähnlich wie Windeln:
die Schönheit anzurufen
ist wie sich in die Hosen zu machen.
aber ich denke, dass diese nasse Heuchelei
irgendwann austrocknet, dass diese klebrige Lüge
irgendwann ausgewaschen wird. bestimmt etwa
unsere Physiologie den Sternenhimmel,
wie die Londoner Propheten verkündeten?

als ob unsere Seelen im Wald leben würden
und von einem Zigarettenstummel in Flammen
aufgehen könnten. mir ist bange um jene,
die am leichtesten zerstört werden können.
darum ist es nicht der Mensch, der weggeht ...
es trauert immer der, der zurückbleibt, um jene,
die beschleunigend sich im Glas auflösen.

ich bin ein Henker der Kerzen.
ich sage zum Stern: näher. dunkler. leiser.
im Dunkeln sieht man andere Trinkgelage deutlicher.
ich werde immer müder von den Menschen
wie eine Biene vom Honig
und ich will doch nicht nach Paris fliegen,
will mir nicht wie in einer Anprobe
das bunte Montmartre anziehen.

die Dummen sind wie Kaufleute weise
und die Weisen sind wie Kaufleute dumm.
und doch vergiftete auf diesem Trinkgelage
seinesgleichen ihn nicht
und das, was er über seine Schale
erdichtete, war ein Trugbild.
ihn und den Chor verschüttete man
mit Schnee und Kalk. und niemanden
gab es mehr, um seine betäubte Zunge
in der eingefrorenen Erde beizusetzen.

VIII. Zehn Minuten älter

»in den hiesigen Gewässern«, sagte der Fischer,
»gab es früher so viele Fische,
wie ich Frauen hatte. eines Tages
band ich meinen Hausschlüssel an eine Angelschnur
und warf ihn in die Wellen. ein Fisch schluckte
den Köder und riss die Schnur ab. seitdem lebe ich
hier auf dem Boot. und der Fisch dreht nachts
den Schlüssel im Schloss rum und schwimmt
in meinem Haus. er kommt ins Schlafzimmer
und kuschelt mit meiner Frau. na und?
es ist bloß ein Fisch.
welcher Fischer wird auf einen Fisch eifersüchtig sein?
die Frau ist doch nicht alt, sie braucht Sex.
so wurde meine Frau zu einer Meerjungfrau.
und ich trinke ausschließlich Meereswasser,
deswegen habe ich immer Durst.
so drehte der Schlüssel mein Leben um.«

nachdem er die Zigarette aufgeraucht hatte,
legte er die Kippe in die Tasche und fuhr fort:
»und die Nachbarin von unten, nicht dass sie
eine Jungfrau wäre, aber zu ihr kamen die drei Könige
mit der Polizei. sie fluchte aus dem Fenster,
als ob sie Psalmen singen würde. ihre Wohnung
steht seit einem Jahr leer. sie hatte zwei Söhne,
einen älteren und einen jüngeren.
wie zwei Ufer waren sie. nun ist der Fluss
ausgetrocknet. ein trockenes Flussbett
ist sie nun und keine Mutter für die beiden.«

der Regen hörte auf. die Straße wurde trockener.
Tropfen glitzern auf dem Kameraobjektiv
wie Schuppen von den Worten des Fischers.
wozu laufe ich eigentlich hier rum?
vielleicht ist er der Apostel der Apokalypse?
oder soll ich besser etwas tun,
wovon ich noch nichts weiß?
und was bedeutet die Geschichte
dieses Menschen über seine Frau und den Fisch?
ihr Sinn ist wie in einem Aquarium
eingeschlossen. und das, was mit ihnen passiert,
sieht man nur verschwommen – Schillern
der Wellen und Schatten im Gesicht.
höre dem Menschen zu,
den das Gesetz und die Ecke beherrschen.
so kannst du deine Sprache bewahren.

IX. Unsere Toten sind wie Wachsoldaten

ich bin ein Nicht-Resident des Landes,
wo Spiegel zerschlagen sind.
ich bin ein Neurastheniker eines anderen Bundes,
wo ich mein eigenes Echo nicht hören kann.
bin ich ein Dolmetscher des Sauerstoffes
oder ein Kolonisator der Luft?
bin ich ein Wallfahrer des Raumes
oder ein Sänger des Gurkensafts?
wohin wird mein Ufer und nicht das Floß getrieben?
welch eine Tür erschuf
der Zimmermann für mich bereits?
die Mücke – meine Blutsschwester
trinkt mein Selbstbildnis,
welches ein Stich von Unsterblichkeit ist ...

... und das Land erhob sich über dem Staat –
der Schmied rief dazu auf, die Hand des Dolches
zu drücken. der Himmel wurde mit Tauben,
die Schwarzerde mit Menschenfleisch gefüttert;
Fäuste, Bäuche, Fersen
saugten die Erde wie eine Sau,
welche sie nährte und sie zerquetschte.

Müller mahlten Milchzähne.
Totenköpfe spielten Mundharmonika.
Löffel klopften an die Kniescheiben.
man aß Brei aus Papier und Leim.
Tod oder russischer Tanz.
weiches Ei oder hockend im Kreis.

das Jahr '41 ist nicht das erste.
und ringsum sind Deutsche, Deutsche, Deutsche,
vor Stalingrad und Stalinabad.
Mienenwerfer oder Mennoniten?
überall sind Deutsche, Deutsche
mit scharfen eisernen Nasen.
an der Wolga und am Jenissej –
Deutsche mit neuen Augen.
Minotauren oder Minnesänger?

in einem Blitzkrieg knarrt der Erdboden
nachts wie ein alter Tresor.
und in diesem Tresor riecht es nach Öl und Staub.
da schmieden Gerippe aus Fingern die Taschenmesser
und schaukeln Säuglinge in den Stahlhelmen.
im Blitzkrieg heulen Wolfswelpen
wie bei einem Verhör:
»Barbarossa, Barbarossa ...«
im Blitzkrieg werden Soldaten in den Kesseln gekocht,
ihr Fleisch wird vom Knochen getrennt.
Barbarossa träumt,
wie Fleischkonserven heim gesendet werden,
wie Kinder Wiegenlieder heulen:
»Muttergottes, Muttergottes ...«
und der Planet mit einem Ährenwappen rostet.

X. Warte nicht, ich kehre nicht zurück

ein Mensch kam aus dem Wald heraus,
nachdem ein Jahrhundert wohl vergangen war.
er vergaß womöglich den Heimweg
oder wusste nicht mehr, ob er echt
oder lebendig war, und ging hin und her.

er zerdrückte die Heidelbeeren der Wörter
mit der Zunge, in seinem Mund platzte
die Dunkelheit. der Mensch ging,
über ihm brannte ewiges Eis
und eine Polareule trug sein Gesicht.
und jedes Weihnachten schenkte
ein grauhaariger Dämon ihm einen Steinkuchen
und der Mensch dachte:
»so darf man nicht sein.«

der Mensch kam aus dem Wald heraus
und kam in seine Holzhütte
wie ein Bund Bärlauch herein.
mit dem Papprücken lehnte er sich
an die Wand und flüsterte durch einen Windzug:
»vielleicht bin ich ein verlorener Vater.
vielleicht ist die Gefangenschaft meine Frau.
vielleicht ist mein Sohn ein anderer.
vielleicht war das alles umsonst,
aber dieser Tod durfte mein eigener sein.«

Anmerkungen

1. Sakarment (Dialektal) – Sakrament.
2. Od Erjamo (Mordowisch) – Neues Leben.
   Hier steht es für den Namen eines Dorfes.

Sergej Tenjatnikow

Geb. 1981 in Krasnojarsk, Sibirien; Lyriker, Übersetzer und Videopoet. Studium der Politikwissenschaft, Geschichte und Russistik in Leipzig und Manchester. Schreibt Gedichte und Kurzprosa in deutscher und russischer Sprache. Auf Deutsch wurden seine Texte u. a. in den Literaturzeitschriften »Der Maulkorb«, »Ostragehege«, »Rhein!« und in den Anthologien »Das (hoch-)gelobte Land«, »Schlafende Hunde«, »Und zur Nähe wird die Ferne« veröffentlicht. Auf Russisch publizierte er in Literaturzeitschriften in Belgien, Deutschland, Kasachstan, Russland, der Ukraine und den USA. Es erschienen von ihm Übersetzungen ins Deutsche, unter anderem von Sergej Birjukov, Anatolij Grinvald, Lena Inosemzewa, Alexander Kabanow, Elena Kazjuba und Konstantin Kedrow. 2016 kam Gleb Schulpjakows Gedichtband »Anfang der Religion« in seiner Übersetzung beim **hochroth Verlag** heraus. Sergej Tenjatnikow ist Preisträger der **Viktor-Astafjew-Stiftung**, 2015 und Gewinner des Poesiefestivals **Emigrantskaja Lira**, Belgien 2014. Sein Debütgedichtband »Aus deinem Auge schlüpft der Kuckuck« erschien 2017 beim **Lychatz-Verlag** in Leipzig.

Mehr Informationen zum Autor finden Sie unter:
http://tenyatnikov.jimdo.com/deutsch

Inhaltsverzeichnis

Vorwort 5

Gleichnis 9
Neuer Gulliver 10
Spuren 12
Ausgeliehene Bücher 13
In der Silvesternacht 14
Hejfetz 16
Meine Deutschen 17
Krieg 18
Der zweite Advent 19
Plutarchs Kopf 20
Auerhahns Lied 21
Halt auf der Erde 22
Im Dunkeln 23
Hinter dem nächtlichen Horizont 26
Minendetektor 27
Weißer Sonntag 28
Mit dem Rauchen aufzuhören 29
Ich las deinen Namen 30
Namensvetter 31
Licht 32
Frösche 33
Gute Nacht, Seeleute 34
Serienmörder 35
Punkt 37
Buch 38
Rede auf einer Pyjama-Party 39

Gedicht	40
Verliebte Kamele	41
Weg	42
Mäuse im Meer	43
Hebamme	44
Flaschenpost	45
Prager Frühling	46
Schneekönigin	47
Haustier	48
Opfer	49
Inspiration	50
Wilder Diktator	51
Diogenes philosophiert	52
Midgard	53
Umstände	54
Zebra	55
Herbst	56
Wohin man auch schaut	57
Ein Wort gleicht einer Skizze	58
Philosoph Lossew	59
Friede eurem Haus	60
Ich habe einen anderen Weg	61
Aquarium	62
Im Andenken an M. M. S	63
Pistole	64
Stein	65
Der Mensch fliegt durch die Straße	66
Poet im Port	67

Bastion 68
Ich bin noch hier 69
Du schlugst das Wort wie ein Fenster auf 70
Variationen 71
Eine Skizze im Speisewagen 72
Privatsache 73
Déjà-vu 74

Phantome / Ein Langgedicht

I. Landschaft da draußen 76
II. Ich kann reden 78
III. Leuchte, mein Stern 79
IV. Eberesche 80
V. Feuer im Brunnen 82
VI. Hirndruck 86
VII. Beerdigung des Chores 88
VIII. Zehn Minuten älter 90
IX. Unsere Toten sind wie Wachsoldaten 92
X. Warte nicht, ich kehre nicht zurück 94

Anmerkungen 95
Über den Autor 96